step 1　〔　　月　　日〕

5 読んで発見《はっけん》！②

目標時間は３分

分　　秒

Q 次《つぎ》の(1)～(10)の漢字《かんじ》の読みを下の表《ひょう》から消《け》していくと，ひらがなが五つ残《のこ》ります。その五つをならべかえるとある「野菜《やさい》」を表《あらわ》す言葉《ことば》になりますが，それは何でしょう。

(1) 震《しん》**央**とは震源《しんげん》の真上《まうえ》の地点のことだ。

(2) 信用《しんよう》できる人に仕事《しごと》を**委**任《にん》する。

(3) 八時に作業《さぎょう》を開**始**する。

(4) まだ逆転《ぎゃくてん》されるかもしれないので**安心**はできない。

(5) **留《る》守**にするときは戸締《とじま》りに気を付けよう。

(6) かれは誠《せい》**実**な人なので周《まわ》りから信用《しんよう》されている。

(7) **定**規《ぎ》で長さをはかる。

(8) **来客**にお茶とお菓子《かし》を出す。

(9) 迷《めい》**宮**の中を一人さまよう。

(10) 小さな**宿**屋に一泊《いっぱく》する。

お	う	あ	ん	し	ん
い	る	す	じ	ょ	う
し	じ	ゃ	じ	つ	が
い	や	ど	き	ゅ	う
ら	い	き	ゃ	く	も

●保護者の方へ:分からない言葉は辞書を使って調べます。筆順や他の熟語を知るとさらにパワーアップ！

step 1　　〔　　月　　日〕

6 連結《れんけつ》パズル ①

目標時間は３分
　　分　　秒

Q 次《つぎ》の［　　］に最《もっと》もよくあてはまるものを下《した》から選《えら》んで書《か》きましょう。

例《れい》 昨日《きのう》，晩《ばん》ご飯《はん》を食べすぎた。［だから］，今朝《けさ》はお腹《なか》の調子《ちょうし》が悪《わる》い。

(1) もうすぐ夏休みが終《お》わる。［　　　　］，まだ宿題《しゅくだい》が終わっていない。

(2) かれは良《よ》き友人であり，［　　　　］，良きライバルでもある。

(3) まず卵《たまご》を割《わ》ります。［　　　　］，よく混《ま》ぜます。

(4) あなたが落《お》としたのは金の棒《ぼう》ですか。［　　　　］，銀《ぎん》の棒ですか。

(5) おやつを先に食べたのは弟だ。［　　　　］，口にチョコがついているからだ。

(6) チャイムが鳴《な》りました。［　　　　］，ここまでにしましょう。

~~だから~~　また　なぜなら　では
そして　しかし　それとも

●保護者の方へ：接続語といいます。ちゃんと文がつながっていますか？

〔　　月　　日〕

1 読んで発見《はっけん》！①

目標時間は３分

分　　秒

Q 次《つぎ》の⑴〜⑽の漢字《かんじ》の読みを下の表《ひょう》から消《け》していくと，ひらがなが二つ残《のこ》ります。その二つをならべかえるとある「食べもの」を表《あらわ》す言葉《ことば》になりますが，それは何でしょう。

⑴ グラウンドの**中央**からシュートを打《う》つ。

⑵ 図書**委**員に選《えら》ばれる。

⑶ 来週の月曜日に**始**業式がある。

⑷ 治**安**の悪《わる》い町で外出するのはこわい。

⑸ **子守歌**を歌って赤ちゃんを寝《ね》かせる。

⑹ うわさが事**実**なのかどうかを調《しら》べる。

⑺ **定**期的に親戚《しんせき》が集《あつ》まる。

⑻ わたしが着《つ》いたときにはもう**先客**がいた。

⑼ 本日，**宮中**で儀式《ぎしき》が行われた。

⑽ 夏休みにクラブのみんなと**合宿**する。

き	こ	も	り	う	た
ゅ	い	も	し	あ	ん
う	ち	ゅ	う	お	う
ち	せ	ん	き	ゃ	く
ゅ	じ	つ	も	て	い
う	が	っ	し	ゅ	く

●保護者の方へ：分からない言葉は辞書を使って調べます。筆順や他の熟語を知るとさらにパワーアップ！

〔　　月　　日〕

2 数え方さがし ①

目標時間は３分

分　　秒

Q 動物《どうぶつ》や物《もの》を数えるときに，どのように数えるか線で結《むす》びましょう。

ただし，他《ほか》の線とぶつかったり交わったりしてはいけません。また，一つだけ使《つか》わないものがありますので，注意《ちゅうい》しましょう。

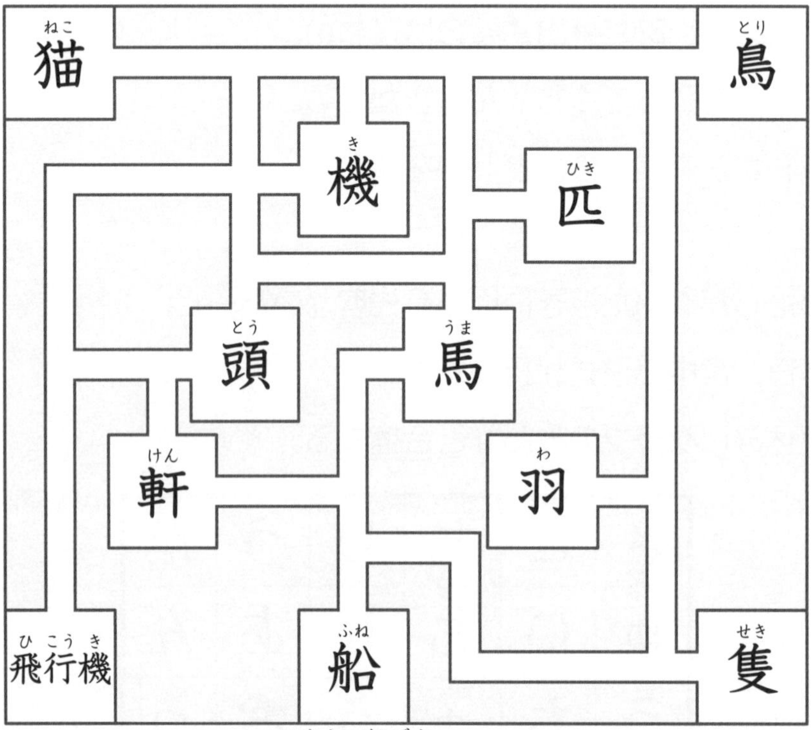

※大きい船です

●保護者の方へ：物や動物には正しい数え方があります。正しい数え方で数えられるようにしましょう！

〔　　月　　日〕

3 聞こえカルタ ①

目標時間は３分

分　　秒

Q どのような時《とき》に使《つか》うか○○○○にあてはまるものを線《せん》（——）で結《むす》びましょう。

がたがた ●	● ボールが○○○○転《ころ》がっていく。
きらきら ●	● たくさんの星が○○○○と光っている。
ころころ ●	● 地震《じしん》で戸が○○○○揺《ゆ》れた。
ざらざら ●	● 連休《れんきゅう》中の高速道路《こうそくどうろ》は○○○○運転《うんてん》だ。
のろのろ ●	● 口の中に砂《すな》が入って○○○○する。

●保護者の方へ：様子を表す言葉です。正しい使い方をマスターしましょう！

step 1

〔　　月　　日〕

4 漢字《かんじ》マスター ①

目標時間は3分
分　　秒

Q 次《つぎ》の(1)〜(10)の漢字《かんじ》を練習《れんしゅう》しましょう。

(1) グラウンドの□□《ちゅうおう》からシュートを打《う》つ。

(2) 図書□□《いいん》に選《えら》ばれる。

(3) 来週の月曜日に□□《しぎょう》式がある。

(4) □□《ちあん》の悪《わる》い町で外出するのはこわい。

治	

(5) □□□《こもりうた》を歌って赤ちゃんを寝《ね》かせる。

(6) うわさが□□《じじつ》なのかどうかを調《しら》べる。

事	

(7) □□《ていき》的に親戚《しんせき》が集《あつ》まる。

	期

(8) わたしが着《つ》いたときにはもう□□《せんきゃく》がいた。

(9) 本日，□□《きゅうちゅう》で儀式《ぎしき》が行われた。

(10) 夏休みにクラブのみんなと□□《がっしゅく》する。

●保護者の方へ:熟語は漢字だけを覚えるのではなく，文の意味から考えられるようにしておきましょう！

step 1

〔　月　日〕

7 一体なぁに？？ ①

目標時間は３分

分　秒

Q 次《つぎ》の文の―――部《ぶ》は何を指《さ》しているか答えましょう。

(1) こん虫にはたくさんの種類《しゅるい》がいます。これもそのうちの一つです。

(2) はさみだとこの紙を切るのは大変《たいへん》です。それよりもカッターを使《つか》いましょう。

(3) おじいちゃんが子どものころに東京《とうきょう》タワーが完成《かんせい》したよ。あれは，ものすごく高いね。

(4) スーパーでお母さんが一つだけおかしを買ってくれるよ。どれにしようかな。

●保護者の方へ：何を示しているかわかるかな？一度出てきた言葉はこんな使い方をします。

〔　月　日〕

8 漢字《かんじ》マスター ②

目標時間は３分
分　秒

Q 次《つぎ》の(1)〜(10)の漢字《かんじ》を練習《れんしゅう》しましょう。

(1)	□□《しんおう》とは震源《しんげん》の真上《まうえ》の地点のことだ。	震	
(2)	信用《しんよう》できる人に仕事《しごと》を□□《いにん》する。		任
(3)	八時に作業《さぎょう》を□□《かいし》する。	開	
(4)	まだ逆転《ぎゃくてん》されるかもしれないので□□《あんしん》はできない。		
(5)	□□《るす》にするときは戸締《とじま》りに気を付けよう。	留	
(6)	かれは□□《せいじつ》な人なので周《まわ》りから信用《しんよう》されている。	誠	
(7)	□□《じょうぎ》で長さをはかる。		規
(8)	□□《らいきゃく》にお茶とお菓子《かし》を出す。		
(9)	□□《めいきゅう》の中を一人さまよう。	迷	
(10)	小さな□□《やどや》に一泊《いっぱく》する。		

●保護者の方へ：熟語は漢字だけを覚えるのではなく，文の意味から考えられるようにしておきましょう！

step 1　　〔　月　日〕

9 読んで発見《はっけん》！③

目標時間は3分

分　秒

Q 次《つぎ》の(1)〜(10)の漢字《かんじ》の読みを下の表《ひょう》から消《け》していくと，ひらがなが五つ残《のこ》ります。その五つをならべかえるとある「いきもの」を表《あらわ》す言葉《ことば》になりますが，それは何でしょう。

(1) 真《ま》冬の**寒空**の下，一人とぼとぼと歩く。

(2) 相撲《すもう》で**対**決し，上手《うわて》投《な》げで勝《か》った。

(3) 父は郵便《ゆうびん》局の**局長**だった。

(4) 最近《さいきん》，雨もりするので**屋**根の修理《しゅうり》をしよう。

(5) **海岸**で砂山《すなやま》をつくって遊《あそ》ぶ。

(6) 日本やイギリスは**島国**だ。

(7) この橋《はし》は**本州**と四国を結《むす》んでいる。

(8) 父は**手帳**に予定《よてい》をびっしりと書き込《こ》んでいる。

(9) 世界《せかい》**平和**を願《ねが》う。

(10) 科学の発展《はってん》と人類《じんるい》の**幸**福がいつも両立《りょうりつ》していたわけではない。

さ	む	ぞ	ら	か	い	が	ん
へ	か	し	ま	ぐ	に	や	ぶ
い	と	む	て	ち	ょ	う	し
わ	ほ	ん	し	ゅ	う	こ	う
き	ょ	く	ち	ょ	う	た	い

●保護者の方へ：分からない言葉は辞書を使って調べます。筆順や他の熟語を知るとさらにパワーアップ！

step 1　　〔　月　日〕

10 数え方さがし ②

目標時間は３分
分　秒

Q 動物《どうぶつ》や物《もの》を数えるときに，どのように数えるか線で結《むす》びましょう。
　ただし，他《ほか》の線とぶつかったり交わったりしてはいけません。また，一つだけ使《つか》わないものがありますので，注意《ちゅうい》しましょう。

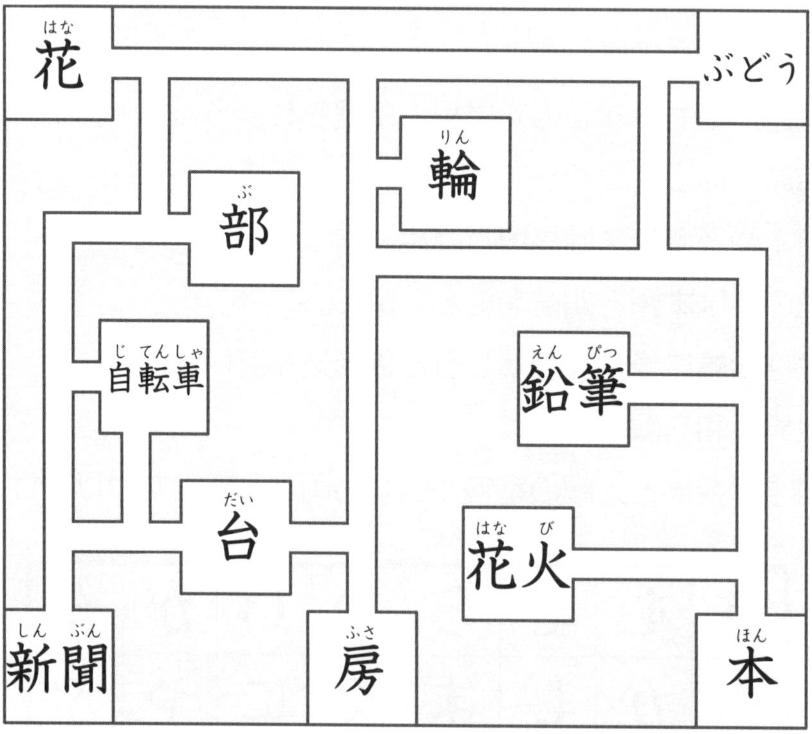

●保護者の方へ：物や動物には正しい数え方があります。正しい数え方で数えられるようにしましょう！

step 1　　〔　　月　　日〕

11 聞こえカルタ ②

目標時間は3分

分　　秒

Q どのような時《とき》に使《つか》うか○○○○にあてはまるものを線《せん》（——）で結《むす》びましょう。

からから ●	● 缶《かん》をふると，○○○○音がする。
くるくる ●	● ○○○○の雪が降《ふ》る。
ごろごろ ●	● 戸を○○○○たたく。
さらさら ●	● 紙を○○○○丸める。
どんどん ●	● 雷《かみなり》が○○○○鳴《な》っている。

●保護者の方へ：様子を表す言葉です。正しい使い方をマスターしましょう！

step 1　〔　　月　　日〕

12 漢字《かんじ》マスター ③

目標時間は3分
分　　秒

Q 次《つぎ》の⑴〜⑽の漢字《かんじ》を練習《れんしゅう》しましょう。

⑴ 真《ま》冬の□□《さむぞら》の下，一人とぼとぼと歩く。

⑵ 相撲《すもう》で□□《たいけつ》し，上手《うわて》投《な》げで勝《か》った。

⑶ 父は郵便《ゆうびん》局の□□《きょくちょう》だ。

⑷ 最近《さいきん》，雨もりするので□□《やね》の修理《しゅうり》をしよう。

	根

⑸ □□《かいがん》で砂山《すなやま》をつくって遊《あそ》ぶ。

⑹ 日本やイギリスは□□《しまぐに》だ。

⑺ この橋《はし》は□□《ほんしゅう》と四国を結《むす》んでいる。

⑻ 父は□□《てちょう》に予定《よてい》をびっしりと書き込《こ》んでいる。

⑼ 世界《せかい》□□《へいわ》を願《ねが》う。

⑽ 科学の発展《はってん》と人類《じんるい》の□□《こうふく》がいつも両立していたわけではない。

	福

●保護者の方へ：熟語は漢字だけを覚えるのではなく，文の意味から考えられるようにしておきましょう！

13 読んで発見《はっけん》！④

目標時間は３分

分　　秒

Q 次《つぎ》の(1)～(10)の漢字《かんじ》の読みを下の表《ひょう》から消《け》していくと，ひらがなが三つ残《のこ》ります。その三つをならべかえるとある「食べもの」を表《あらわ》す言葉《ことば》になりますが，それは何でしょう。

(1) **寒**冷前線が北上し，明日は雪になる所《ところ》もありそうです。

(2) 友達《ともだち》とは**対**等な関係《かんけい》です。

(3) 明日は**局地**的に大雨が降《ふ》るらしい。

(4) **屋上**から下を見ると人が小さく見える。

(5) **対岸**にいる人に大声で話しかける。

(6) この**半島**では漁業《ぎょぎょう》が盛《さか》んだ。

(7) 母は**九州**出身《しゅっしん》だ。

(8) 銀行《ぎんこう》の**通帳**がなくなったら大変《たいへん》だ。

(9) この**平野**には田んぼが多い。

(10) **幸**運にも勉強《べんきょう》していたところがテストに出た。

か	ん	た	い	た	い	が	ん
き	い	お	く	じ	ょ	う	は
ょ	へ	い	や	こ	う	ち	ん
く	つ	う	ち	ょ	う	ご	と
ち	き	ゅ	う	し	ゅ	う	う

●保護者の方へ：分からない言葉は辞書を使って調べます。筆順や他の熟語を知るとさらにパワーアップ！

〔　　月　　日〕

14 形　当　て ①

目標時間は３分

分　　秒

Q 次《つぎ》の文(1)〜(5)は，下のうちのどのような形《かたち》ですか。ア〜ウの記号《きごう》で答えましょう。

ア　だれ（何《なに》）が　どうする。
イ　だれ（何《なに》）が　どんなだ。
ウ　だれ（何《なに》）が　何《なん》だ。

(1)　ひまわりの　花が　きれいに　咲《さ》く。

(2)　お兄ちゃんは　背《せ》が　高い。

(3)　将来《しょうらい》の　夢《ゆめ》は　パイロットだ。

(4)　夏の　太陽《たいよう》は　とても　まぶしい。

(5)　これは　外国の　お金です。

●保護者の方へ：それぞれの文はどんな形をしていますか。よく見て考えさせましょう！

15 主役《しゅやく》はいますか？ ①

目標時間は３分
分　秒

Q 次《つぎ》の文のうち，主語《しゅご》と述語《じゅつご》がそろっていない文があります。それはいくつでしょう。漢《かん》数字で答えましょう。

　間違《まちが》えた場合は，それぞれの文の主語と述語を確認《かくにん》しておきましょう。

□つの文

(1) いきなり　雨が　降《ふ》ってきた。

(2) もう　そろそろ　家を　出よう。

(3) 今日の　テストは　簡単《かんたん》だった。

(4) あしたの　遠足の　準備《じゅんび》を　しよう。

(5) 電話に　出れなくて　申《もう》し訳《わけ》ございませんでした。

(6) この　四月から　弟も　同じ　学校に　通い始《はじ》めた。

●保護者の方へ：主語と述語の関係を確認しましょう！

step 1

〔　　月　　日〕

16 漢字《かんじ》マスター ④

目標時間は３分

分　　秒

Q 次《つぎ》の⑴～⑽の漢字《かんじ》を練習《れんしゅう》しましょう。

⑴ □□《かんれい》前線が北上し，明日は雪になる所《ところ》もありそうです。

	冷

⑵ 友達《ともだち》とは□□《たいとう》な関係《かんけい》です。

	等

⑶ 明日は □ □《きょくち》的に大雨が降《ふ》るらしい。

⑷ □ □《おくじょう》から下を見ると人が小さく見える。

⑸ □□《たいがん》にいる人に大声で話しかける。

⑹ この□□《はんとう》では漁業《ぎょぎょう》が盛《さか》んだ。

⑺ 母は □ □《きゅうしゅう》 出身《しゅっしん》だ。

⑻ 銀行《ぎんこう》の□ □《つうちょう》がなくなったら大変《たいへん》だ。

⑼ この□□《へいや》は田んぼが多い。

⑽ □□《こううん》にも勉強《べんきょう》していたところがテストに出た。

	運

●保護者の方へ：熟語は漢字だけを覚えるのではなく，文の意味から考えられるようにしておきましょう！

17 読んで発見《はっけん》！⑤

目標時間は3分

分　秒

Q 次《つぎ》の⑴〜⑽の漢字《かんじ》の読みを下の表《ひょう》から消《け》していくと，ひらがなが三つ残《のこ》ります。その三つをならべかえるとある「食べもの」を表《あらわ》す言葉《ことば》になりますが，それは何でしょう。

⑴ この坂《さか》は**角度**が急《きゅう》だ。

⑵ ダイヤルを回して**金庫**を開《あ》ける。

⑶ **中庭**にある池の鯉《こい》にえさをやる。

⑷ この書類《しょるい》の**形式**は自由《じゆう》です。

⑸ 学芸会《がくげいかい》で**主役**に選《えら》ばれる。

⑹ 駅《えき》の**待合室**で次《つぎ》の電車を待つ。

⑺ だらしないチームについて監督《かんとく》が**苦言**を呈《てい》する。

⑻ 工場から商品《しょうひん》が**出荷**される。

⑼ 初夏《しょか》のころは**青葉**があざやかだ。

⑽ 株価《かぶか》が急《きゅう》に**下落**し，景気《けいき》が悪《わる》くなった。

か	く	ど	な	か	に	わ	し
き	ん	こ	け	い	し	き	ゅ
さ	し	ゅ	っ	か	ん	げ	や
く	げ	ん	あ	お	ば	ら	く
ま	ち	あ	い	し	つ	く	ま

〔　　月　　日〕

18 熟《じゅく》語《ご》リンク ①

目標時間は3分

分　　秒

Q A 次《つぎ》のパズルは「熟語《じゅくご》リンク」というパズルです。ルールにしたがって，考《かんが》えましょう。

						寧《ねい》
	世					事
		両		予		
				間		
		習				
		行		他		人
丁	親	仕				方

Q B Aで作った熟語《じゅくご》七つを答えましょう。

丁寧			

ルール

① 熟語《じゅくご》になる二つの漢字《かんじ》を，たて・横《よこ》の線で結《むす》びます。
② 線はマスの真《ま》ん中を通ります。
③ 線どうしが交わってはいけません。
④ 線は漢字の入っているマスは通れません。
⑤ 漢字の入っていないすべてのマスを線は一回だけ通ります。

●保護者の方へ：熟語の知識とパズルの思考力で語彙センスをきたえましょう！

step 2

〔　　月　　日〕

19 熟語《じゅくご》リンク ②

目標時間は3分

分　　秒

QA　次《つぎ》のパズルは「熟語《じゅくご》リンク」というパズルです。ルールにしたがって，考《かんが》えましょう。

		強	書	全		車
	使	具				倍
				員		
				写		
勉			列			
					雨	
命	数					

QB　Aで作った熟語《じゅくご》七つを答えましょう。

ルール

① 熟語《じゅくご》になる二つの漢字《かんじ》を，たて・横《よこ》の線で結《むす》びます。

② 線はマスの真《ま》ん中を通ります。

③ 線どうしが交わってはいけません。

④ 線は漢字の入っているマスは通れません。

⑤ 漢字の入っていないすべてのマスを線は一回だけ通ります。

●保護者の方へ：熟語の知識とパズルの思考力で語彙センスをきたえましょう！

step 2

〔　　月　　日〕

20 漢字《かんじ》マスター⑤

目標時間は３分

分　　秒

Q 次《つぎ》の(1)〜(10)の漢字《かんじ》を練習《れんしゅう》しましょう。

(1) この坂《さか》は□□《かくど》が急《きゅう》だ。

(2) ダイヤルを回して□□《きんこ》を開《あ》ける。

(3) □□《なかにわ》にある池の鯉《こい》にえさをやる。

(4) この書類《しょるい》の□□《けいしき》は自由《じゆう》です。

(5) 学芸《がくげい》会で□□《しゅやく》に選《えら》ばれる。

(6) 駅《えき》の□□□《まちあいしつ》で次《つぎ》の電車をマツ。

(7) だらしないチームについて監督《かんとく》が□《く》□《げん》を呈《てい》する。

(8) 工場から商品《しょうひん》が □《しゅっ》 □《か》される。

(9) 初夏《しょか》のころは□□《あおば》があざやかだ。

(10) 株価《かぶか》が急《きゅう》に□《げ》□《らく》し，景気《けいき》が悪《わる》くなった。

●保護者の方へ：熟語は漢字だけを覚えるのではなく，文の意味から考えられるようにしておきましょう！

step 2　　〔　　月　　日〕

21 読んで発見《はっけん》！⑥

目標時間は３分

分　　秒

Q 次の(1)～(10)の漢字《かんじ》の読みを下の表《ひょう》から消《け》していくと，ひらがなが三つ残《のこ》ります。その三つをならべかえるとある「食べもの」を表《あらわ》す言葉《ことば》になりますが，それは何でしょう。

(1) **毎度**ご利用《りよう》いただきありがとうございます。

(2) この**書庫**には大量《たいりょう》の本がしまってある。

(3) ご**家庭**でも簡単《かんたん》にできるレシピをご紹介《しょうかい》します。

(4) アメリカの**正式**名称《めいしょう》は「アメリカ合衆国《がっしゅうこく》」だ。

(5) **役員**として仕事をこなす。

(6) 良《よ》い知らせを期**待**しているよ。

(7) おじいちゃんは小さいころから**苦**労してきた。

(8) かばんに遠足の**荷**物をつめる。

(9) 書き上げた**葉書**に切手をはる。

(10) **落下**防止《ぼうし》のための命綱《いのちづな》をつける。

ま	い	ど	し	ょ	こ
せ	う	く	に	か	や
い	た	い	ど	て	く
し	は	が	き	い	い
き	ら	っ	か	ん	ん

●保護者の方へ：分からない言葉は辞書を使って調べます。筆順や他の熟語を知るとさらにパワーアップ！

22 連結《れんけつ》パズル ②

目標時間は3分
分　秒

Q 次《つぎ》の□に最《もっと》もよくあてはまるものを下《した》から選《えら》んで書《か》きましょう。

(1) もうこれで全部《ぜんぶ》終《お》わったと思っていた。□，裏《うら》にも問題《もんだい》があった。

(2) レオナルド・ダ・ヴィンチは偉大《いだい》な画家《がか》であり，□，科学者《かがくしゃ》でもあった。

(3) 一つ目の作戦《さくせん》は上手《うま》くいかなかった。□，作戦《さくせん》を変《か》えてみることにした。

(4) 日本の国会《こっかい》は二院《にいん》，□，衆議院《しゅうぎいん》と参議院《さんぎいん》で成《な》り立っている。

(5) 先生にしかられた。□，いたずらはしなくなった。

(6) セットをご注文《ちゅうもん》の方は，ライス，□，パンをお選《えら》びください。

(7) たくさん食べたね。□，この後はどうする？

そこで　ところが　また　それから
または　すなわち　ところで

●保護者の方へ：接続語といいます。ちゃんと文がつながっていますか？

23 一体なぁに？？②

目標時間は３分

分　秒

Q 次《つぎ》の文の――――部《ぶ》は何を指《さ》しているか答えましょう。

(1) 必死《ひっし》の思いでようやくゴールにたどりついた。ここまでの道のりは遠かった。

(2) 対戦《たいせん》ゲームでぼくは角《かど》のマスにカードを置《お》いた。そこのとなりが当たりだった。

(3) 最近《さいきん》，新しく本屋《ほんや》ができた。人気の本も出たことだし，あそこで買って帰ろう。

(4) 今年は海外旅行《りょこう》に行くつもりだ。さて，どこに行こう？

●保護者の方へ：何を示しているかわかるかな？一度出てきた言葉はこんな使い方をします。

step 2

〔　　月　　日〕

24 漢字《かんじ》マスター ⑥

目標時間は３分

分　秒

Q 次《つぎ》の⑴〜⑽の漢字《かんじ》を練習《れんしゅう》しましょう。

⑴ □□《まいど》ご利用《りよう》いただきありがとうございます。

⑵ この□□《しょこ》には大量《たいりょう》の本がしまってある。

⑶ ご□□《かてい》でも簡単《かんたん》にできるレシピをご紹介《しょうかい》します。

⑷ アメリカの□□《せいしき》名称《めいしょう》は「アメリカ合衆国《がっしゅうこく》」だ。

⑸ □□《やくいん》として仕事をこなす。

⑹ 良《よ》い知らせを□□《きたい》しているよ。

⑺ おじいちゃんは小さいころから□□《くろう》してきた。

労

⑻ かばんに遠足の□□《にもつ》をつめる。

⑼ 書き上げた□□《はがき》に切手をはる。

⑽ □□《らっか》防止《ぼうし》のための命綱《いのちづな》をつける。

●保護者の方へ:熟語は漢字だけを覚えるのではなく，文の意味から考えられるようにしておきましょう！

25 読んで発見《はっけん》！⑦

目標時間は３分

分　秒

Q 次の(1)～(10)の漢字《かんじ》の読みを下の表《ひょう》から消《け》していくと，ひらがなが五つ残《のこ》ります。その五つをならべかえるとある言葉《ことば》になりますが，それは何でしょう。

(1) 昔《むかし》の人は**薬草**をすりつぶして飲《の》んでいた。

(2) コンサートが中止になったので**返金**してもらう。

(3) 一万円以上《いじょう》お買い上げいただくと**送**料無料になります。

(4) デザートを**追**加で注文《ちゅうもん》する。

(5) 車で旅行《りょこう》するときは**高速**道路を使《つか》う。

(6) 姉は今年中学へ**進学**した。

(7) 冬に外で**運動**するのは少しいやだ。

(8) 日曜日に家族《かぞく》で**遊園地**に行った。

(9) 日本の**首都**は東京です。

(10) 壊《こわ》れた**部品**を交換《こうかん》する。

や	へ	ん	き	ん	そ	う	つ
く	こ	こ	う	そ	く	う	い
そ	い	の	し	ゅ	と	ん	ぶ
う	し	ん	が	く	ぼ	ど	ひ
ゆ	う	え	ん	ち	り	う	ん

●保護者の方へ：分からない言葉は辞書を使って調べます。筆順や他の熟語を知るとさらにパワーアップ！

〔　　月　　日〕

26 熟語《じゅくご》リンク ③

目標時間は3分

分　　秒

QA 次《つぎ》のパズルは「熟語《じゅくご》リンク」というパズルです。ルールにしたがって，考《かんが》えましょう。

活		化	者			
		区	去			
			反			
			暗	対	年	
					号	
	強					医
				動		内

QB Aで作った熟語《じゅくご》七つを答えましょう。

ルール

① 熟語《じゅくご》になる二つの漢字《かんじ》を，たて・横《よこ》の線で結《むす》びます。
② 線はマスの真《ま》ん中を通ります。
③ 線どうしが交わってはいけません。
④ 線は漢字の入っているマスは通れません。
⑤ 漢字の入っていないすべてのマスを線は一回だけ通ります。

●保護者の方へ：熟語の知識とパズルの思考力で語彙センスをきたえましょう！

〔　　月　　日〕

27 熟《じゅく》語《ご》リンク ④

目標時間は３分

分　　秒

QA 次《つぎ》のパズルは「熟語《じゅくご》リンク」というパズルです。ルールにしたがって，考《かんが》えましょう。

		方		和	員	坂
				商		
			品			
向			売			道
味	平	作	会			方
	命				日	

QB Ａで作った熟語《じゅくご》八つを答えましょう。

ルール

① 熟語《じゅくご》になる二つの漢字《かんじ》を，たて・横《よこ》の線で結《むす》びます。

② 線はマスの真《ま》ん中を通ります。

③ 線どうしが交わってはいけません。

④ 線は漢字の入っているマスは通れません。

⑤ 漢字の入っていないすべてのマスを線は一回だけ通ります。

●保護者の方へ：熟語の知識とパズルの思考力で語彙センスをきたえましょう！

〔　　月　　日〕

28 漢字《かんじ》マスター ⑦

目標時間は３分
分　　秒

Q 次《つぎ》の(1)〜(10)の漢字《かんじ》を練習《れんしゅう》しましょう。

(1) 昔《むかし》の人は□□《やくそう》をすりつぶして飲《の》んでいた。

［　］［　］

(2) コンサートが中止になったので□□《へんきん》してもらう。

［　］［　］

(3) 一万円以上《いじょう》お買い上げいただくと□　□《そうりょう》無料になります。

［　］［料］

(4) デザートを□□《ついか》で注文《ちゅうもん》する。

［　］［加］

(5) 車で旅行《りょこう》するときは□□《こうそく》道路を使《つか》う。

［　］［　］

(6) 姉は今年中学へ□□《しんがく》した。

［　］［　］

(7) 冬に外で□□《うんどう》するのは少しいやだ。

［　］［　］

(8) 日曜日に家族《かぞく》で□□□《ゆうえんち》に行った。

［　］［　］［　］

(9) 日本の□□《しゅと》は東京です。

［　］［　］

(10) 壊《こわ》れた□□《ぶひん》を交換《こうかん》する。

［　］［　］

●保護者の方へ：熟語は漢字だけを覚えるのではなく，文の意味から考えられるようにしておきましょう！

29 読んで発見《はっけん》！⑧

目標時間は3分

分　秒

Q 次《つぎ》の(1)～(10)の漢字《かんじ》の読みを下の表《ひょう》から消《け》していくと，ひらがなが五つ残《のこ》ります。その五つをならべかえるとある言葉《ことば》になりますが，それは何でしょう。

(1) 長時間パソコンで作業《さぎょう》をした後に**目薬**をさす。

(2) 乱丁本《らんちょうぼん》を**返品**する。

(3) 予約《よやく》していた商品《しょうひん》が今日発**送**された。

(4) 手紙で結《むす》びの言葉《ことば》を書き加《くわ》えるときに「**追**伸《しん》」と書く。

(5) この道路《どうろ》の制限速度《せいげんそくど》は**時速** 60 キロメートルだ。

(6) 自分の**進路**は自分で決《き》めなさい。

(7) 台風のため，電車が**運休**している。

(8) 公園にはいろいろな**遊具**がある。

(9) 旅行《りょこう》で**古都**の寺院《じいん》をめぐる。

(10) 「薬《くすり》」の**部首**はくさかんむりです。

め	ぐ	す	り	そ	う
う	ひ	へ	ん	ぴ	ん
ん	つ	じ	そ	く	な
き	い	こ	と	ま	し
ゅ	つ	ゆ	う	ぐ	ん
う	ぶ	し	ゅ	り	ろ

●保護者の方へ：分からない言葉は辞書を使って調べます。筆順や他の熟語を知るとさらにパワーアップ！

〔　　月　　日〕

30 形　当　て ②

目標時間は３分

分　　秒

Q 次《つぎ》の文(1)～(5)は，下のうちのどのような形《かたち》ですか。ア～ウの記号《きごう》で答えましょう。

ア　だれ（何《なに》）が　どうする。
イ　だれ（何《なに》）が　どんなだ。
ウ　だれ（何《なに》）が　何《なん》だ。

(1)　桜の　花が　とても　きれいだ。　［　　］

(2)　ぼくの　あだ名は　トムだ。　［　　］

(3)　今日，わたしは　風邪《かぜ》で　学校を　休んだ。　［　　］

(4)　ぼくの　好《す》きな　飲《の》み物は　ココアだ。　［　　］

(5)　雨が　しとしと　降《ふ》る。　［　　］

●保護者の方へ：それぞれの文はどんな形をしていますか。よく見て考えさせましょう！

step 2　　　　〔　　月　　日〕

31 主役《しゅやく》はいますか？ ②

目標時間は３分

分　　秒

Q 次《つぎ》の文のうち，主語《しゅご》と述語《じゅつご》がそろっていない文があります。それはいくつでしょう。漢《かん》数字で答えましょう。

間違《まちが》えた場合は，それぞれの文の主語と述語を確認《かくにん》しておきましょう。

［　　　］つの文

(1) 妹も　公園に　行きたいそうだ。

(2) そんなに　急《いそ》がずに　ゆっくり　進《すす》もう。

(3) わたしは　この　問題《もんだい》を　解《と》けそうも　ない。

(4) あの日の　夕焼《ゆうや》けは　とても　きれいだった。

(5) 昨日《きのう》，　遅《おそ》くまで　起《お》きていたので　とても　眠《ねむ》い。

(6) ぼくは　鉛筆《えんぴつ》を　借《か》りたまま　返《かえ》すのを　忘《わす》れた。

●保護者の方へ：主語と述語の関係を確認しましょう！

step 2

〔　　月　　日〕

32 漢字《かんじ》マスター ⑧

目標時間は３分

分　　秒

Q 次《つぎ》の(1)〜(10)の漢字《かんじ》を練習《れんしゅう》しましょう。

(1) 長時間パソコンで作業《さぎょう》をした後に□□《めぐすり》をさす。

(2) 乱丁本《らんちょうぼん》を□□《へんぴん》する。

(3) 予約《よやく》していた商品《しょうひん》が今日□□《はっそう》された。

(4) 手紙で結《むす》びの言葉《ことば》を書き加《くわ》えるときに「□□《ついしん》」と書く。

□伸

(5) この道路《どうろ》の制限速度《せいげんそくど》は□□《じそく》 60 キロメートルだ。

(6) 自分の□□《しんろ》は自分で決《き》めなさい。

(7) 台風のため，電車が□□《うんきゅう》している。

(8) 公園にはいろいろな□□《ゆうぐ》がある。

(9) 旅行《りょこう》で□□《こと》の寺院《じいん》をめぐる。

(10) 「薬《くすり》」の□□《ぶしゅ》はくさかんむりです。

●保護者の方へ：熟語は漢字だけを覚えるのではなく，文の意味から考えられるようにしておきましょう！

〔　　月　　日〕

33 読んで発見！⑨

目標時間は３分

分　　秒

Q 次の⑴～⑽の漢字の読みを下の表から消していくと，ひらがなが四つ残《のこ》ります。その四つをならべかえるとある熟語《じゅくご》になります。それを漢字に直して答えましょう。

⑴ 温州《うんしゅう》みかんの**収**穫《かく》は十月から始まる。

⑵ **吸引力**の強い掃除機《そうじき》を買う。

⑶ **皇后**陛下《へいか》は天皇のきさきのことだ。

⑷ 新案《しんあん》においては**賛否**両論《りょうろん》が渦巻《うずま》く。

⑸ **深呼吸**を意識《いしき》的に行うと，健康効果《けんこうこうか》が期待《きたい》できる。

⑹ ユネスコの**親善**大使として式典《しきてん》に参加する。

⑺ 所得《しょとく》が低く**貧困**におちいる人が多い国がまだまだ存在《そんざい》する。

⑻ **垂線**を引くとは直角に線を引くことだ。

⑼ 風情《ふぜい》ある**城下町**を歩く。

⑽ 危険《きけん》**水域**を超《こ》える前に避難《ひなん》する。

こ	き	ゅ	う	い	ん	り	ょ	く	す
う	た	し	ゅ	う	し	ん	ぜ	ん	い
ご	つ	し	ん	こ	き	ゅ	う	じ	せ
う	ひ	ん	こ	ん	さ	ん	ぴ	ん	ん
じ	ょ	う	か	ま	ち	す	い	い	き

●保護者の方へ：分からない言葉は辞書を使って調べます。筆順や他の熟語を知るとさらにパワーアップ！

〔　　月　　日〕

34 整列《せいれつ》！四字熟語《じゅくご》 ①

目標時間は３分

分　　秒

QA　次の四つの漢字を並《なら》び換《か》えて四字熟語《じゅくご》を作り，その四字熟語を答えましょう。

また，分からなかった四字熟語は，使い方も含《ふく》めてしっかり調べておきましょう。

① 気 合 意 投

② 口 異 音 同

③ 日 千 一 秋

④ 部 一 終 始

⑤ 一 二 石 鳥

QB　Aの四字熟語のうち、一つの四字熟語を使って作文をしましょう。

●保護者の方へ：熟語の知識とパズルの思考力で語彙センスをきたえましょう！

35 四字熟語《じゅくご》リンク ①

目標時間は３分

分　秒

QA 次のパズルは「四字熟語《じゅくご》リンク」というパズルです。ルールにしたがって，考えましょう。

(一)			挙			往
		(一)				深
進		(右)			味	
			両			
		得		左		
一	往			(意)		長
						退

QB Ａで作った四字熟語《じゅくご》四つを答えましょう。
忘《わす》れてしまった場合や知らなかった場合は，覚《おぼ》えておきましょう。

ルール

① 熟語《じゅくご》になる四つの漢字をたて・横の線で○の漢字から順《じゅん》に結《むす》びます。
② 線はマスの真ん中を通ります。
③ 線どうしが交わってはいけません。
④ 線は漢字の入っているマスは通れません。
⑤ 漢字の入っていないすべてのマスを線は一回だけ通ります。

●保護者の方へ：熟語の知識とパズルの思考力で語彙センスをきたえましょう！

step 3 〔　月　日〕

36 漢字マスター ⑨

目標時間は３分

分　秒

Q 次の⑴〜⑽の漢字を練習しましょう。

⑴ 温州《うんしゅう》みかんの□□《しゅうかく》は十月から始まる。

穫

⑵ □《きゅう》□《いん》□《りょく》の強い掃除機《そうじき》を買う。

⑶ □□《こうごう》陛下《へいか》は天皇のきさきのことだ。

⑷ 新案《しんあん》においては□□《さんぴ》両論《りょうろん》が渦巻《うずま》く。

⑸ □□□《しんこきゅう》を意識《いしき》的に行うと，健康《けんこう》効果《こうか》が期待《きたい》できる。

⑹ ユネスコの□□《しんぜん》大使として式典《しきてん》に参加する。

⑺ 所得《しょとく》が低く□□《ひんこん》におちいる人が多い国がまだ存在《そんざい》する。

⑻ □□《すいせん》を引くとは直角に線を引くことだ。

⑼ 風情《ふぜい》ある□□□《じょうかまち》を歩く。

⑽ 危険《きけん》□□《すいいき》を超《こ》える前に避難《ひなん》する。

●保護者の方へ：熟語は漢字だけを覚えるのではなく，文の意味から考えられるようにしておきましょう！

〔　月　日〕

37 読んで発見！⑩

目標時間は3分

分　秒

Q 次の(1)～(10)の漢字の読みを下の表から消していくと，ひらがなが四つ残《のこ》ります。その四つをならべかえるとある熟語《じゅくご》になります。それを漢字に直して答えましょう。

(1) **収益**を上げるために，営業《えいぎょう》に力を入れる。

(2) 願《がん》かけに蛤《はまぐり》の**吸い物**を食べる。

(3) **皇太后**は前の天皇のきさきのことだ。

(4) 災害《さいがい》時には**安否**確認《かくにん》システムが役に立つ。

(5) 「もし」と「～たら」は副詞《ふくし》の**呼応**だ。

(6) 健康**改善**のためにランニングを行う決心をした。

(7) 浅草《あさくさ》で英語で道を聞かれ**困**惑《わく》した。

(8) 劇《げき》が終わり**垂**れ幕が下りた。

(9) 敵《てき》が攻《せ》めてきた後，**落城**した。

(10) アメリカのミシシッピ川**流域**を訪《おとず》れる。

り	し	ゅ	う	え	き	ら
ゅ	け	か	い	ぜ	ん	く
う	あ	ん	ぴ	い	こ	じ
い	す	い	も	の	お	ょ
き	た	こ	ん	そ	う	う
こ	う	た	い	ご	う	つ

●保護者の方へ：分からない言葉は辞書を使って調べます。筆順や他の熟語を知るとさらにパワーアップ！

〔　月　日〕

38 漢字マスター ⑩

目標時間は３分

分　秒

Q 次の⑴～⑽の漢字を練習しましょう。

⑴ □□《しゅうえき》を上げるために，営業《えいぎょう》に力を入れる。　□□

⑵ 願《がん》かけに蛤《はまぐり》の□□□《すいもの》を食べる。　□い□

⑶ □□□《こうたいごう》は前の天皇のきさきのことだ。　□□□

⑷ 災害《さいがい》時には□□《あんぴ》確認《かくにん》システムが役に立つ。　□□

⑸ 「もし」と「～たら」は副詞《ふくし》の□□《こおう》だ。　□□

⑹ 健康□□《かいぜん》のためにランニングを行う決心をした。　□□

⑺ 浅草《あさくさ》で英語で道を聞かれ□□《こんわく》した。　□惑

⑻ 劇《げき》が終わり□□□《たれまく》が下りた。　□れ幕

⑼ 敵《てき》が攻《せ》めてきた後，□□《らくじょう》した。　□□

⑽ アメリカのミシシッピ川□□《りゅういき》を訪《おとず》れる。　□□

●保護者の方へ：熟語は漢字だけを覚えるのではなく，文の意味から考えられるようにしておきましょう！

step 3　〔　月　日〕

39 読んで発見！ ⑪

目標時間は３分

分　秒

Q 次の⑴～⑽の漢字の読みを下の表から消していくと，ひらがなが四つ残《のこ》ります。その四つをならべかえるとある熟語《じゅくご》になります。それを漢字に直して答えましょう。

⑴ この**海域**内に不審《ふしん》船が入ってこないかパトロールする。

⑵ 音楽会ではそれぞれのクラスが二曲を**合奏**する。

⑶ 手に汗握《あせにぎ》る接戦《せっせん》に**興奮**する。

⑷ **姿勢**を正して座《すわ》る。

⑸ グループの中で**存在**感を示《しめ》す。

⑹ **親孝行**するために家族旅行の計画を立てる。

⑺ 寺院の広大な**堂宇**を見学し，心打たれる。

⑻ 兄は学校から自転車で**帰宅**する。

⑼ **宗教**間の対立が原因《げんいん》で戦争《せんそう》が起こった。

⑽ 銀河《ぎんが》の写真を見て**宇宙**に思いを馳《は》せる。

お	や	こ	う	こ	う	き	そ	が
か	う	じ	し	せ	い	た	ん	っ
い	ち	ど	う	う	っ	く	ざ	そ
い	ゅ	け	こ	う	ふ	ん	い	う
き	う	ん	し	ゅ	う	き	ょ	う

●保護者の方へ：分からない言葉は辞書を使って調べます。筆順や他の熟語を知るとさらにパワーアップ！

〔　　月　　日〕

40 整列《せいれつ》！四字熟語《じゅくご》②

目標時間は３分

分　　秒

QA 次の四つの漢字を並《なら》び換《か》えて四字熟語《じゅくご》を作り，その四字熟語を答えましょう。

また，分からなかった四字熟語は，使い方も含《ふく》めてしっかり調べておきましょう。

① 欠 全 完 無

② 一 髪 機 危

③ 哀 楽 怒 喜

④ 生 死 一 九

⑤ 前 後 絶 空

QB Ａの四字熟語《じゅくご》のうち，一つの四字熟語を使って作文をしましょう。

●保護者の方へ：熟語の知識とパズルの思考力で語彙センスをきたえましょう！

〔　　月　　日〕

41 四字熟語《じゅくご》リンク②

目標時間は３分

分　　秒

Q A　次のパズルは「四字熟語《じゅくご》リンク」というパズルです。ルールにしたがって，考えましょう。

(小)		春			道	中
	(五)			和		
	(三)		断			
		日				
		(言)			語	
	寒		四		温	
里						霧

Q B　Aで作った四字熟語《じゅくご》四つを答えましょう。

忘《わす》れてしまった場合や知らなかった場合は，覚《おぼ》えておきましょう。

ルール

① 熟語《じゅくご》になる四つの漢字をたて・横の線で○の漢字から順《じゅん》に結《むす》びます。

② 線はマスの真ん中を通ります。

③ 線どうしが交わってはいけません。

④ 線は漢字の入っているマスは通れません。

⑤ 漢字の入っていないすべてのマスを線は一回だけ通ります。

●保護者の方へ：熟語の知識とパズルの思考力で語彙センスをきたえましょう！

〔　　月　　日〕

42 漢字マスター ⑪

目標時間は３分

分　　秒

Q 次の(1)〜(10)の漢字《かんじ》を練習しましょう。

(1) この□□《かいいき》内に不審《ふしん》船が入ってこないかパトロールする。

(2) 音楽会ではそれぞれのクラスが二曲を□□《がっそう》する。

(3) 手に汗握《あせにぎ》る接戦《せっせん》に□□《こうふん》する。

(4) □□《しせい》を正して座《すわ》る。

(5) グループの中で□□《そんざい》感を示《しめ》す。

(6) 親□□《こうこう》するために家族旅行の計画を立てる。

(7) 寺院の広大な□□《どうう》を見学し，心打たれる。

(8) 兄は学校から自転車で□□《きたく》する。

(9) □□《しゅうきょう》間の対立が原因《げんいん》で戦争《せんそう》が起こった。

(10) 銀河《ぎんが》の写真を見て□□《うちゅう》に思いを馳《は》せる。

●保護者の方へ:熟語は漢字だけを覚えるのではなく，文の意味から考えられるようにしておきましょう！

43 読んで発見！⑫

目標時間は３分

分　　秒

Q 次の⑴～⑽の漢字の読みを下の表から消していくと，ひらがなが三つ残《のこ》ります。その三つをならべかえるとある熟語《じゅくご》になります。それを漢字に直して答えましょう。

⑴ この**区域**への立ち入りは禁止《きんし》されている。

⑵ ピアノの**演奏**会で練習の成果《せいか》を見せる。

⑶ 孤軍《こぐん》**奮**闘《とう》するかれに対し，周《まわ》りは冷《ひ》ややかな態度《たいど》だった。

⑷ 朝，出かける前に**容姿**を整える。

⑸ 異《い》文化の人々との**共存**の在《あ》り方を考える。

⑹ 家臣《かしん》が主君のために**忠孝**をつくす。

⑺ 歴史《れきし》に残《のこ》る偉人《いじん》は皆《みな》，**気宇壮《そう》大**だ。

⑻ **宅地**を造成《ぞうせい》する。

⑼ 独裁《どくさい》者が少数民族の人々に**改宗**をせまる。

⑽ 体操選手《たいそうせんしゅ》の**宙返り**は美しい。

き	く	か	い	し	ゅ	う	え	ち
ょ	い	ふ	ん	よ	う	し	ん	ゅ
う	き	き	た	く	ち	ょ	そ	う
ぞ	き	う	そ	う	だ	い	う	こ
ん	ち	ゅ	う	が	え	り	か	う

step 3

〔　月　日〕

44 漢字マスター ⑫

目標時間は3分

分　秒

Q 次の(1)〜(10)の漢字《かんじ》を練習しましょう。

(1) この□□《くいき》への立ち入りは禁止《きんし》されている。

(2) ピアノの□□《えんそう》会で練習の成果《せいか》を見せる。

(3) 孤《こ》軍《ぐん》□□《ふんとう》するかれに対し，周《まわ》りは冷《ひ》ややかな態度《たいど》だった。

闘

(4) 朝，出かける前に□□《ようし》を整える。

(5) 異《い》文化の人々との□□《きょうぞん》の在《あ》り方を考える。

(6) 家臣《かしん》が主君のために□□《ちゅうこう》をつくす。

(7) 歴史《れきし》に残《のこ》る偉人《いじん》は皆《みな》，□《き》□《う》壮《そう》大だ。

(8) □□《たくち》を造成《ぞうせい》する。

(9) 独裁者《どくさいしゃ》が少数民族の人々に□□《かいしゅう》をせまる。

(10) 体操選手《たいそうせんしゅ》の□□《ちゅうがえ》りは美しい。

●保護者の方へ:熟語は漢字だけを覚えるのではなく，文の意味から考えられるようにしておきましょう！

〔　　月　　日〕

45 読んで発見！⑬

目標時間は３分

分　　秒

Q 次の(1)～(10)の漢字の読みを下の表から消していくと，ひらがなが四つ残《のこ》ります。その四つをならべかえるとある熟語《じゅくご》になりますが，それを二文字の漢字で書きましょう。

(1) 苦労《くろう》した経験《けいけん》は一生の**宝物**になる。

(2) 医者から余命《よめい》一年と**宣告**される。

(3) **機密**情報が外部に漏《も》れる。

(4) 去年着ていた服《ふく》が小さくなり**寸法**が合わなくなった。

(5) 祖父母《そふぼ》は**専業**農家だ。

(6) ロケットが予定通り**発射**された。

(7) 野球部の**主将**に任命《にんめい》される。

(8) **尊敬**する人と直接《ちょくせつ》会えて感激《かんげき》する。

(9) 大学を卒業《そつぎょう》して会社に**就職**する。

(10) 祭りのお囃子《はやし》で**尺八**を吹《ふ》く。

た	こ	せ	ん	こ	く	き
か	き	は	っ	し	ゃ	ょ
ら	み	そ	ん	け	い	し
も	つ	す	ん	ぽ	う	ゅ
の	せ	ん	ぎ	ょ	う	し
し	ゃ	く	は	ち	う	ょ
し	ゅ	う	し	ょ	く	う

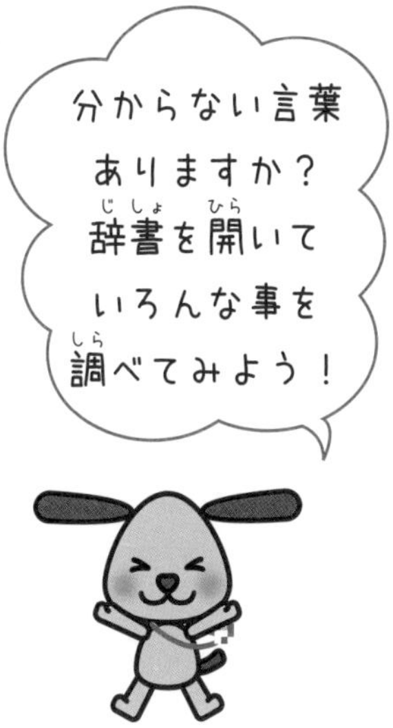

step 4

〔　　月　　日〕

46 対義語《たいぎご》対決！ ①

目標時間は３分

　　分　　秒

Q 次の対義語《たいぎご》を下の漢字群《ぐん》から選《えら》んで答えましょう。

(1) 悪意 ⇔ □□

(2) 安心 ⇔ □□

(3) 安全 ⇔ □□

(4) 応答 ⇔ □□

(5) 温暖 ⇔ □□

険　意　善　冷　寒

心　配　危　疑　質

●保護者の方へ：熟語の知識とパズルの思考力で語彙センスをきたえましょう！

〔　　月　　日〕

47 類《るい》義《ぎ》語《ご》ペア ①

目標時間は３分

分　　秒

Q 次の類義語《るいぎご》を下の漢字群《ぐん》から選《えら》んで答えましょう。

			≒		
(1)	案	外	≒		
(2)	永	遠	≒		
(3)	改	善	≒		
(4)	完	全	≒		
(5)	賛	成	≒		

意　外　意　改　無

永　欠　久　同　良

注《ちゅう》 記号≒は，おおよそ（約《やく》）という意味《いみ》です。

●保護者の方へ：熟語の知識とパズルの思考力で語彙センスをきたえましょう！

step 4　〔　月　日〕

48 漢字マスター⑬

目標時間は３分　分　秒

Q 次の(1)〜(10)の漢字《かんじ》を練習しましょう。

(1) 苦労《くろう》した経験《けいけん》は一生の □ □《たからもの》になる。

(2) 医者から余命《よめい》一年と□□《せんこく》される。

(3) □□《きみつ》情報が外部に漏《も》れる。

(4) 去年着ていた服《ふく》が小さくなり□□《すんぽう》が合わなくなった。

(5) 祖父母《そふぼ》は□ □《せんぎょう》農家だ。

(6) ロケットが予定通り□□《はっしゃ》された。

(7) 野球部の□ □《しゅしょう》に任命《にんめい》される。

(8) □□《そんけい》する人と直接《ちょくせつ》会えて感激《かんげき》する。

(9) 大学を卒業《そつぎょう》して会社に □ □《しゅうしょく》する。

(10) 祭りのお囃子《はやし》で □ □《しゃくはち》を吹《ふ》く。

●保護者の方へ：熟語は漢字だけを覚えるのではなく，文の意味から考えられるようにしておきましょう！

49 読んで発見！⑭

目標時間は３分　分　秒

Q 次の(1)～(10)の漢字の読みを下の表から消していくと，ひらがなが四つ残《のこ》ります。その四つをならべかえるとある熟語《じゅくご》になりますが，それを二文字の漢字で書きましょう。

(1) この仏像《ぶつぞう》は**国宝**に指定されている。

(2) テレビで**宣伝**されていた商品を買う。

(3) 水銀は**密度**が大きい金属《きんぞく》だ。

(4) 締《し》め切り**寸前**に課題《かだい》を終わらせる。

(5) 受験《じゅけん》が近づき学業に**専念**する。

(6) 採血《さいけつ》のために**注射**する。

(7) 君の**将来**の夢《ゆめ》は何ですか。

(8) 個人《こじん》の意見を**尊重**する。

(9) 会社の役員に**就任**する。

(10) この地形図の**縮尺**は二万五千分の一だ。

げ	こ	そ	ん	ち	ょ	う
ん	く	み	つ	ど	し	し
ち	ほ	せ	す	せ	ゅ	ゅ
ゅ	う	ん	ん	ん	う	く
う	そ	で	ぜ	ね	に	し
し	く	ん	ん	ん	ん	ゃ
ゃ	し	ょ	う	ら	い	く

●保護者の方へ:分からない言葉は辞書を使って調べます。筆順や他の熟語を知るとさらにパワーアップ！

〔　　月　　日〕

50 漢字マスター ⑭

目標時間は３分

分　　秒

Q　次の(1)～(10)の漢字を練習しましょう。

(1) この仏像《ぶつぞう》は□□《こくほう》に指定されている。

(2) テレビで□□《せんでん》されていた商品を買う。

(3) 水銀は□□《みつど》が大きい金属《きんぞく》だ。

(4) 締《し》め切り□□《すんぜん》に課題《かだい》を終わらせる。

(5) 受験《じゅけん》が近づき学業に□□《せんねん》する。

(6) 採血《さいけつ》のために□□《ちゅうしゃ》する。

(7) 君の□□《しょうらい》の夢《ゆめ》は何ですか。

(8) 個人《こじん》の意見を□□《そんちょう》する。

(9) 会社の役員に□□《しゅうにん》する。

(10) この地形図の□□《しゅくしゃく》は二万五千分の一だ。

●保護者の方へ：熟語は漢字だけを覚えるのではなく，文の意味から考えられるようにしておきましょう！

step 4　〔　月　日〕

51 読んで発見！⑮

目標時間は３分
分　秒

Q 次の(1)～(10)の漢字の読みを下の表から消していくと，ひらがなが二つ残《のこ》ります。その二つをならべかえるとある熟語《じゅくご》になりますが，それを二文字の漢字で書きましょう。

(1) 赤ちゃんが生まれたので市役所に**出生届**を出す。

(2) 物語は思いもよらない**展開**を見せる。

(3) 地層調査《ちそうちょうさ》の結果《けっか》，**断層**が見つかった。

(4) 転校生がみんなの前で**自己**紹介《かい》をする。

(5) 平安時代の**巻物**が発見される。

(6) 映像《えいぞう》を流すために**暗幕**を引く。

(7) あじの**干物**を食べる。

(8) かぶとむしを**幼虫**から育てる。

(9) 公務員試験《こうむいんしけん》に合格《ごうかく》し**官庁**を訪問《ほうもん》する。

(10) 将棋棋士《しょうぎきし》は対局中，**正座**をしている。

し	ゅ	っ	し	ょ	う	と	ど	け
て	あ	ひ	ほ	ま	き	も	の	せ
ん	ん	も	だ	ん	そ	う	ご	い
か	ま	の	よ	う	ち	ゅ	う	ざ
い	く	じ	こ	か	ん	ち	ょ	う

●保護者の方へ:分からない言葉は辞書を使って調べます。筆順や他の熟語を知るとさらにパワーアップ！

step 4

〔　　月　　日〕

52 対《たい》義《ぎ》語《ご》対決！ ②

目標時間は３分
分　　秒

Q 次の対《たい》義《ぎ》語《ご》を下の漢字群から選んで答えましょう。

(1)	延	長	⇔		
(2)	空	間	⇔		
(3)	起	立	⇔		
(4)	簡	単	⇔		
(5)	過	失	⇔		

短　時　縮　複　着

雑　故　間　席　意

●保護者の方へ：熟語の知識とパズルの思考力で語彙センスをきたえましょう！

〔　　月　　日〕

53 類義語ペア ②

目標時間は3分

分　　秒

Q 次の類義語《るいぎご》を下の漢字群《ぐん》から選《えら》んで答えましょう。

(1) 規則 ≒ □□

(2) 原始 ≒ □□

(3) 経験 ≒ □□

(4) 原因 ≒ □□

(5) 欠点 ≒ □□

規	未	所	由	理
開	体	短	定	験

注《ちゅう》 記号≒は，おおよそ（約《やく》）という意味《いみ》です。

step 4

〔　　月　　日〕

54 漢字マスター ⑮

目標時間は３分

分　　秒

Q 次の(1)～(10)の漢字を練習しましょう。

(1) 赤ちゃんが生まれたので市役所に□□□《しゅっしょうとどけ》を出す。

(2) 物語は思いもよらない□□《てんかい》を見せる。

(3) 地層調査《ちそうちょうさ》の結果《けっか》，□□《だんそう》が見つかった。

(4) 転校生がみんなの前で□□《じこ》紹介《かい》をする。

(5) 平安時代の□□《まきもの》が発見される。

(6) 映像《えいぞう》を流すために□□《あんまく》を引く。

(7) あじの□□《ひもの》を食べる。

(8) かぶとむしを□□《ようちゅう》から育てる。

(9) 公務員試験《こうむいんしけん》に合格《ごうかく》し□□《かんちょう》を訪問《ほうもん》する。

(10) 将棋棋士《しょうぎきし》は対局中，□□《せいざ》をしている。

●保護者の方へ：熟語は漢字だけを覚えるのではなく，文の意味から考えられるようにしておきましょう！

〔　月　日〕

55 読んで発見！⑯

目標時間は3分

分　秒

Q 次の(1)～(10)の漢字の読みを下の表から消していくと，ひらがながが四つ残《のこ》ります。その四つをならべかえるとある熟語《じゅくご》になりますが，それを二文字の漢字で書きましょう。

(1) 伝票に**届け先**の住所を記入する。

(2) **展**覧会で恐竜《きょうりゅう》の化石を見る。

(3) 都会には**高層**ビルが建ち並《なら》ぶ。

(4) あの人は克《こっ》**己**心が強い努力家だ。

(5) **巻頭**に著者《ちょしゃ》の一言が載《の》っている。

(6) **幕末**に活躍《かつやく》した人物について調べる。

(7) 今年の夏は全国的に**干害**に悩《なや》まされている。

(8) **幼児**が電車で外の景色《けしき》を眺《なが》めている。

(9) 知事が朝九時に**登庁**した。

(10) イベントの**座興**としてゲームをする。

と	て	ん	き	か	ん	と	う
ど	こ	ふ	ば	く	ま	つ	よ
け	う	く	か	ん	が	い	う
さ	そ	ざ	き	ょ	う	ざ	じ
き	う	と	う	ち	ょ	う	つ

●保護者の方へ:分からない言葉は辞書を使って調べます。筆順や他の熟語を知るとさらにパワーアップ！

〔　　月　　日〕

56 漢字マスター ⑯

目標時間は３分

分　　秒

Q 次《つぎ》の⑴～⑽の漢字を練習しましょう。

⑴ 伝票に□□□《とどけさき》の住所を記入する。　□ け □

⑵ □□□《てんらんかい》で恐竜《きょうりゅう》の化石を見る。　□ 覧 □

⑶ 都会には□□《こうそう》ビルが建ち並《なら》ぶ。　□ □

⑷ あの人は□□□《こっきしん》が強い努力家だ。　克 □ □

⑸ □□《かんとう》に著者《ちょしゃ》の一言が載《の》っている。　□ □

⑹ □□《ばくまつ》に活躍《かつやく》した人物について調べる。　□ □

⑺ 今年の夏は全国的に□□《かんがい》に悩《なや》まされている。　□ □

⑻ □□《ようじ》が電車で外の景色《けしき》を眺《なが》めている。　□ □

⑼ 知事が朝九時に□ □《とうちょう》した。　□ □

⑽ イベントの□ □《ざきょう》としてゲームをする。　□ □

●保護者の方へ：熟語は漢字だけを覚えるのではなく，文の意味から考えられるようにしておきましょう！

〔　　月　　日〕

57 読んで発見！ ⑰

目標時間は３分

分　秒

Q 次の⑴～⑽の漢字の読みを下の表から消していくと，ひらがなが五つ残《のこ》ります。その五つをならべかえるとある熟語《じゅくご》になりますが，それを二文字の漢字で書きましょう。

⑴ 雨のため，運動会は来週に**延期**された。

⑵ 祖父《そふ》から軍隊の**規律**は厳しかった話を聞く。

⑶ 王と家来の**主従関係**は絶対《ぜったい》だ。

⑷ 今日の主審《しゅしん》はファウルを**厳格**にとる。

⑸ **老若男女**だれでもその人を知っている。

⑹ 好きな本の**著者**にファンレターを送る。

⑺ コップの水が**蒸発**する。

⑻ この機器に**内蔵**された電池は充電《じゅうでん》する必要がある。

⑼ 電車にかさを忘《わす》れ，駅の**遺失物**保管センターに連絡《れんらく》する。

⑽ 温泉**郷**の宿に泊《と》まる。

し	ゅ	じ	ゅ	う	か	ん	け	い
え	ゆ	き	げ	ん	か	く	う	き
ん	じ	り	ょ	ち	ょ	し	ゃ	ょ
き	う	つ	じ	ょ	う	は	つ	う
な	い	ぞ	う	い	し	つ	ぶ	つ
ろ	う	に	ゃ	く	な	ん	に	ょ

●保護者の方へ:分からない言葉は辞書を使って調べます。筆順や他の熟語を知るとさらにパワーアップ！

〔　　月　　日〕

58 熟語《じゅくご》しりとり ①

目標時間は3分

分　　秒

Q A　次《つぎ》のパズルは「熟語《じゅくご》しりとり」というパズルです。ルールにしたがって，考《かんが》えましょう。

スタート ↓（道）

道	心	配	達	人	生
路	野	害	災	火	花
地	下	毒	素	数	学
流	上	屋	書	図	問
水		質	物	意	題
面	積	雪	原	理	論

↓ ゴール（論）

Q B　Aの熟語《じゅくご》のうち，三十一番目にあたる熟語で文を作りましょう。

ルール

① 熟語《じゅくご》になる二つの漢字を連続《れんぞく》してスタートからゴールまで進みます。

② 線はたて・横に進み，マスの真ん中を通ります。

③ 漢字は二度使ってはいけません。

●保護者の方へ：熟語の知識とパズルの思考力で語彙センスをきたえましょう！

step 4　〔　　月　　日〕

59 間違《まちが》いさがし ①

目標時間は3分
　　分　　秒

Q 次の四字熟語《じゅくご》は全て一か所ずつ間違《まちが》っているところがあります。例にならって訂正《ていせい》しましょう。

例 自我自賛《じがじさん》　我 → 画

(1) 半信半義　□ → □

(2) 新機一転　□ → □

(3) 一心動体　□ → □

(4) 意心伝心　□ → □

(5) 絶対絶命　□ → □

(6) 口頭試文　□ → □

(7) 不和雷同　□ → □

(8) 前代未門　□ → □

(9) 公平無視　□ → □

(10) 無我無中　□ → □

(11) 生存競走　□ → □

●保護者の方へ：熟語の知識とパズルの思考力で語彙センスをきたえましょう！

〔　月　日〕

60 漢字マスター ⑰

目標時間は３分

分　秒

Q　次の(1)〜(10)の漢字を練習しましょう。

(1) 雨のため，運動会は来週に□□《えんき》された。

(2) 祖父《そふ》から軍隊の□□《きりつ》は厳しかった話を聞く。

(3) 王と家来の□□《しゅじゅう》関係は絶対《ぜったい》だ。

(4) 今日の主審《しゅしん》はファウルを□□《げんかく》にとる。

(5) □□《ろうにゃく》男女《なんにょ》だれでもその人を知っている。

(6) 好きな本の□□《ちょしゃ》にファンレターを送る。

(7) コップの水が□□《じょうはつ》する。

(8) この機器に□□《ないぞう》された電池は充電《じゅうでん》する必要がある。

(9) 電車にかさを忘《わす》れ，駅の□□□《いしつぶつ》保管センターに連絡《れんらく》する。

(10) □□□《おんせんきょう》の宿に泊《と》まる。

●保護者の方へ：熟語は漢字だけを覚えるのではなく，文の意味から考えられるようにしておきましょう！

61 読んで発見！⑱

目標時間は３分

分　　秒

Q 次の⑴〜⑽の漢字の読みを下の表から消していくと，ひらがなが四つ残《のこ》ります。その四つをならべかえるとある熟語《じゅくご》になりますが，それを二文字の漢字で書きましょう。

⑴ 試合は**延長**戦に入った。

⑵ 新しい**法律**が公布《こうふ》される。

⑶ うちのペットは言うことをよく聞く**従順**な性格《せいかく》だ。

⑷ 拷問《ごうもん》は人の**尊厳**を無視《むし》した許《ゆる》せない行為《こうい》だ。

⑸ 三か月前に比《くら》べ**若干**背が伸《の》びた。

⑹ この店には**著名**人のサインがたくさん貼《は》られている。

⑺ アイロンから出る**蒸気**によってスーツのしわがなくなる。

⑻ **冷蔵庫**の中に麦茶を入れておく。

⑼ 亡《な》くなった祖父《そふ》の**遺言**状を親族全員で確認《かくにん》する。

⑽ 親元を離《はな》れて暮《く》らし，**故郷**の両親のことを思う。

し	え	ん	ち	ょ	う	ょ
じ	ほ	じ	ょ	う	き	う
ゃ	う	ゆ	い	ご	ん	れ
っ	り	ち	ょ	め	い	い
か	つ	こ	き	ょ	う	ぞ
ん	そ	ん	げ	ん	り	う
じ	ゅ	う	じ	ゅ	ん	こ

●保護者の方へ：分からない言葉は辞書を使って調べます。筆順や他の熟語を知るとさらにパワーアップ！

step 4

〔　　月　　日〕

62 間違《まちが》いさがし②

目標時間は3分

分　　秒

Q 次の四字熟語《じゅくご》は全て一か所ずつ間違《まちが》っているところがあります。正しく訂正《ていせい》しましょう。

(1) 群衆心理

(2) 意味深重

(3) 異句同音

(4) 言語同断

(5) 短刀直入

(6) 文明開花

(7) 五里夢中

(8) 一許両得

(9) 誠信誠意

(10) 晴天白日

(11) 二足三文

(12) 個別訪問

●保護者の方へ：熟語の知識とパズルの思考力で語彙センスをきたえましょう！

〔　　月　　日〕

63 熟語《じゅくご》しりとり ②

目標時間は３分

分　　秒

QA 次《つぎ》のパズルは「熟語《じゅくご》しりとり」というパズルです。ルールにしたがって，考《かんが》えましょう。

スタート

入	口	子	分	担	当
学	座	息	令		選
校	方	法	律	手	挙
長	片	顔	笑	配	達
所	紙	色	談	面	成
得	点	数	年	月	功

ゴール

QB Aの熟語《じゅくご》のうち，三十番目にあたる熟語で文を作りましょう。

ルール

① 熟語《じゅくご》になる二つの漢字を連続《れんぞく》してスタートからゴールまで進みます。

② 線はたて・横に進み，マスの真ん中を通ります。

③ 漢字は二度使ってはいけません。

●保護者の方へ：熟語の知識とパズルの思考力で語彙センスをきたえましょう！

〔　　月　　日〕

64 熟語《じゅくご》しりとり ③

目標時間は３分
分　　秒

QA 次《つぎ》のパズルは「熟語《じゅくご》しりとり」というパズルです。ルールにしたがって，考《かんが》えましょう。

スタート

進	習	性	格	感	想
入	学	人	別	量	定
料	送	気	容	器	期
理	配	分	内	境	日
論		流	行	心	食
述	語	源	使	用	道

ゴール

QB Aの熟語《じゅくご》のうち，三十番目にあたる熟語で文を作りましょう。

ルール

① 熟語《じゅくご》になる二つの漢字を連続《れんぞく》してスタートからゴールまで進みます。
② 線はたて・横に進み，マスの真ん中を通ります。
③ 漢字は二度使ってはいけません。

●保護者の方へ：熟語の知識とパズルの思考力で語彙センスをきたえましょう！

〔　　月　　日〕

語彙&表現 上級

パズル道場検定

時間は10分

分　　秒

1 漢字の読みを下の表から消していくと，ひらがなが四つ残ります。その四つをならべかえるとある熟語《じゅくご》になりますが，それを二文字の漢字で書きましょう。

(1) 制服の**丈**を合わせてもらう。

(2) 包丁《ちょう》の**刃**をとぐ。

(3) **凡人**と天才の分かれ目は何だろう。

(4) **給与**明細を保管しておく。

(5) ゴールデンレトリバーは**介助**犬としてとても活躍《やく》している。

(6) おじいさんは山へ**芝《しば》刈り**に行きました。

(7) おみくじを引いたら**凶**だった。

(8) パンを一**斤**買う。

(9) 後から判定が覆《くつがえ》り，**幻**のホームランとなった。

(10) **お互い**これからもがんばっていきましょう。

は	た	け	ぼ	ま	く
き	き	ん	ん	ぼ	れ
ゅ	ょ	き	じ	ろ	お
う	う	ん	ん	し	た
よ	か	い	じ	ょ	が
し	ば	か	り	ん	い

2 次のひらがな二十八文字を使って，四つのことわざをつくりましょう。①～④の□はひらがなで表したときの字数を表します。

①～④を漢字も混ぜたことわざで答えましょう。なお，□はひらがな，◇は漢字を表します。

いいいう　かくくけ

ししそ　とと　ににぬ

まみも　やられわ

がぎずだば

① □□□□□□□□□…身近なことは，かえってわかりにくい。

② □□□□□…手ごたえがない。

③ □□□□□□□…わずかな助けでは，いっこうに効き目がない。

④ □□□□□□□…いそぐときは遠回りに思えても，確実な方法でやった方がよい。

① ◇◇◇◇□

② □□□□□

③ ◇□◇□◇

④ ◇□□◇□

天才脳ドリル　語彙&表現　上級

解《かい》答《とう》編《へん》

1 もも

き	こ	も	り	う	た
ゅ	い	も	し	あ	ん
う	ち	ゅ	う	お	う
ち	せ	ん	き	ゃ	く
ゅ	じ	つ	も	て	い
う	が	っ	し	ゅ	く

2

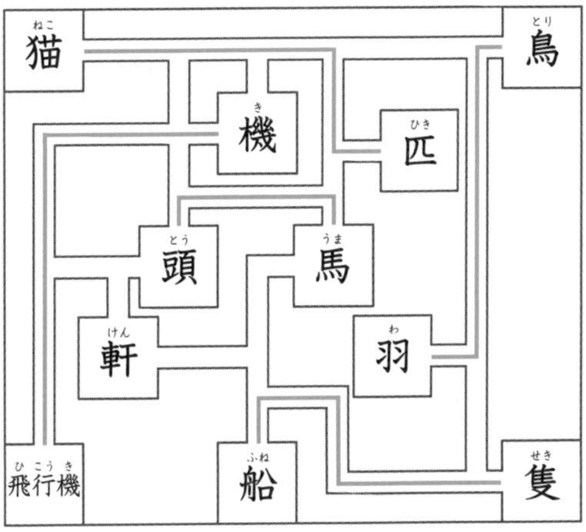

注意《ちゅうい》　「軒」は使用しません。家を数えるときに使用します。

3

がたがた
きらきら
ころころ

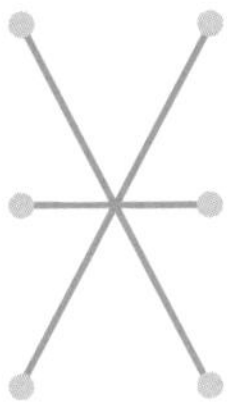

ボールが○○○○転《ころ》がっていく。
たくさんの星が○○○○と光っている。
地震《じしん》で戸が○○○○揺《ゆ》れた。

ざらざら
のろのろ

連休《れんきゅう》中の高速道路《こうそくどうろ》は○○○○運転《うんてん》だ。
口の中に砂《すな》が入って○○○○する。

4 (1) 中央　(2) 委員　(3) 始業　(4) (治)安　(5) 子守歌
(6) 事実　(7) 定期　(8) 先客　(9) 宮中　(10) 合宿

5 じゃがいも

お	う	あ	ん	し	ん
い	る	す	じ	ょ	う
し	じ	ゃ	じ	つ	が
い	や	ど	き	ゅ	う
ら	い	き	ゃ	く	も

「い」の位置は解法によって異なります。

6 (1) しかし　(2) また
(3) そして　(4) それとも
(5) なぜなら　(6) では

7 (1) こん虫　(2) はさみ　(3) 東京タワー　(4) おかし

注意《ちゅうい》　(4)の「どれ」は，いくつかのおかしのうちの一つをさします。

8 (1) (震)央　(2) 委(任)　(3) 開始　(4) 安心　(5) (留)守
(6) (誠)実　(7) 定(規)　(8) 来客　(9) (迷)宮　(10) 宿屋

9 かぶとむし

さ	む	ぞ	ら	か	い	が	ん
へ	か	し	ま	ぐ	に	や	ぶ
い	と	む	て	ち	ょ	う	し
わ	ほ	ん	し	ゅ	う	こ	う
き	ょ	く	ち	ょ	う	た	い

10

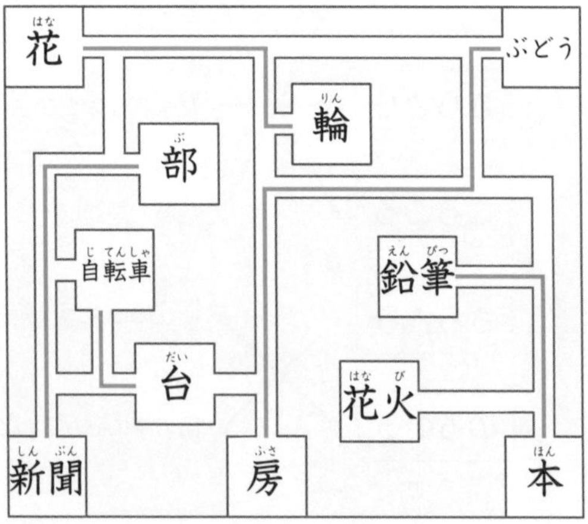

注意《ちゅうい》　「花火」は使用しません。花火を数えるときには「発《はつ》」と数えます。

11

からから	缶《かん》をふると、○○○○音がする。
くるくる	○○○○の雪が降《ふ》る。
ごろごろ	戸を○○○○たたく。
さらさら	紙を○○○○丸める。
どんどん	雷《かみなり》が○○○○鳴《な》っている。

12 (1) 寒空 (2) 対決 (3) 局長 (4) 屋根 (5) 海岸
(6) 島国 (7) 本州 (8) 手帳 (9) 平和 (10) 幸福

13 いちご

か	ん	た	い	た	い	が	ん
き	い	お	く	じ	ょ	う	は
ょ	へ	い	や	こ	う	ち	ん
く	つ	う	ち	ょ	う	ご	と
ち	き	ゅ	う	し	ゅ	う	う

14 (1) ア (2) イ (3) ウ
(4) イ (5) ウ

15 三つの文 ((2), (4), (5)に主語がない。)

考《かんが》え方 (1) (主語)雨が (述語)降ってきた (2) (述語)出よう
(3) (主語)テストは (述語)簡単だった (4) (述語)しよう
(5) (述語)申し訳ございませんでした (6) (主語)弟も (述語)通い始めた

16 (1) 寒(冷)　(2) 対等　(3) 局地　(4) 屋上　(5) 対岸
(6) 半島　(7) 九州　(8) 通帳　(9) 平野　(10) 幸運

17 さんま

か	く	ど	な	か	に	わ	し
き	ん	こ	け	い	し	き	ゅ
さ	し	ゅ	っ	か	ん	げ	や
く	げ	ん	あ	お	ば	ら	く
ま	ち	あ	い	し	つ	く	ま

18 QA

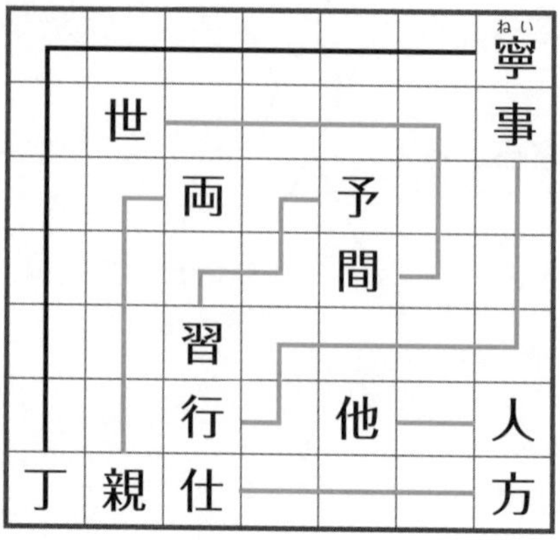

QB (丁寧《ていねい》)　世間　両親
予習　行事　仕方
他人

19 QA

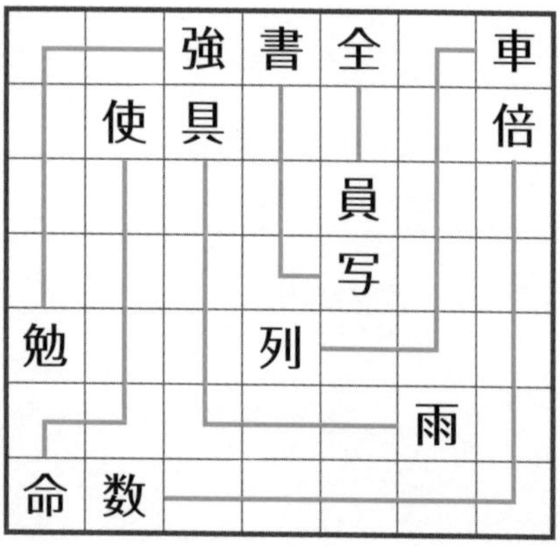

QB 勉強　使命　倍数　雨具
列車(車列)　書写　全員

20 (1) 角度　(2) 金庫
(3) 中庭　(4) 形式
(5) 主役　(6) 待合室
(7) 苦言　(8) 出荷
(9) 青葉　(10) 下落

21 うどん

ま	い	ど	し	ょ	こ
せ	う	く	に	か	や
い	た	い	ど	て	く
し	は	が	き	い	い
き	ら	っ	か	ん	ん

22 (1) ところが　(2) また
(3) そこで　(4) すなわち
(5) それから　(6) または
(7) ところで

23 (1) ゴール　(2) (角の)マス　(3) 本屋　(4) 海外

注意《ちゅうい》　(4)の「どこ」は，いくつか行く予定の海外のうちの一つをさします。

24 (1) 毎度　(2) 書庫　(3) 家庭　(4) 正式　(5) 役員
(6) 期待　(7) 苦労　(8) 荷物　(9) 葉書　(10) 落下

25 こいのぼり

や	へ	ん	き	ん	そ	う	つ
く	こ	こ	う	そ	く	う	い
そ	い	の	し	ゅ	と	ん	ぶ
う	し	ん	が	く	ぼ	ど	ひ
ゆ	う	え	ん	ち	り	う	ん

26 QA

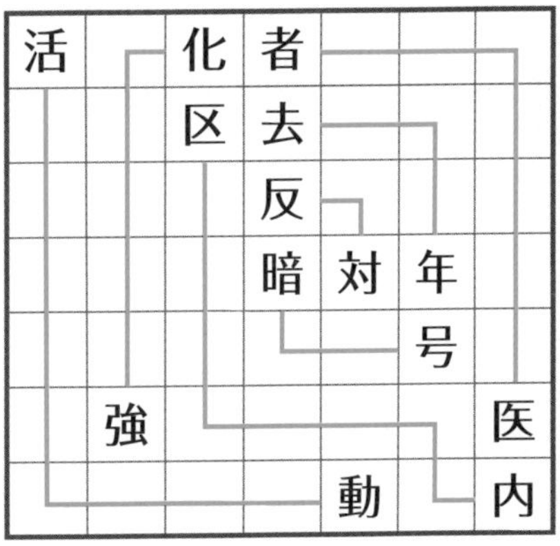

QB　活動　強化　区内　医者
去年　反対　暗号

27 QA

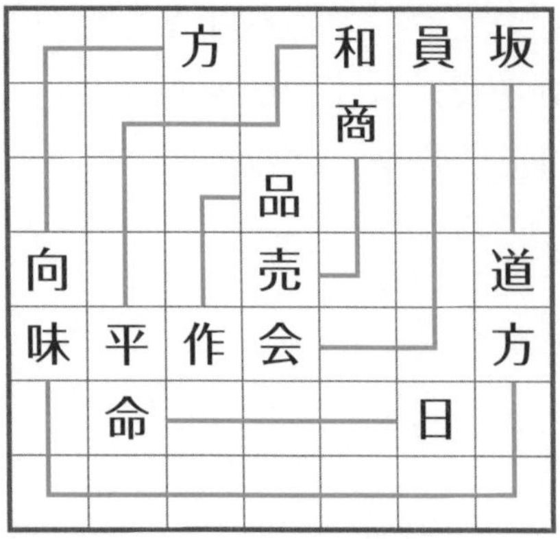

QB 方向　味方　命日　平和
作品　商売　会員　坂道

28 (1) 薬草　(2) 返金
(3) 送料　(4) 追加
(5) 高速　(6) 進学
(7) 運動　(8) 遊園地
(9) 首都　(10) 部品

29 ひなまつり

め	ぐ	す	り	そ	う
う	ひ	へ	ん	ぴ	ん
ん	つ	じ	そ	く	な
き	い	こ	と	ま	し
ゅ	つ	ゆ	う	ぐ	ん
う	ぶ	し	ゅ	り	ろ

30 (1) イ　(2) ウ
(3) ア　(4) ウ
(5) ア

31 二つの文　((2), (5)に主語がない。)

考《かんが》え方　(1) (主語)妹も　(述語)行きたいそうだ　(2) (述語)進もう
(3) (主語)わたしは　(述語)ない　(4) (主語)夕焼けは　(述語)きれいだった
(5) (述語)眠い　(6) (主語)ぼくは　(述語)忘れた

32 (1) 目薬　(2) 返品　(3) 発送　(4) 追(伸)　(5) 時速
(6) 進路　(7) 運休　(8) 遊具　(9) 古都　(10) 部首

33 達人

こ	き	ゅ	う	い	ん	り	ょ	く	す
う	た	し	ゅ	う	し	ん	ぜ	ん	い
ご	つ	し	ん	こ	き	ゅ	う	じ	せ
う	ひ	ん	こ	ん	さ	ん	ぴ	ん	ん
じ	ょ	う	か	ま	ち	す	い	い	き

34 QA

① 意《い》気《き》投合《とうごう》

② 異《い》口《く》同音《どうおん》

③ 一日《いちにち》千秋《せんしゅう》

④ 一《いち》部《ぶ》始終《しじゅう》

⑤ 一石《いっせき》二《に》鳥《ちょう》

QB

例《れい》 わたしは二人の言い争《あらそ》いの一部始終を見た。

35 QA

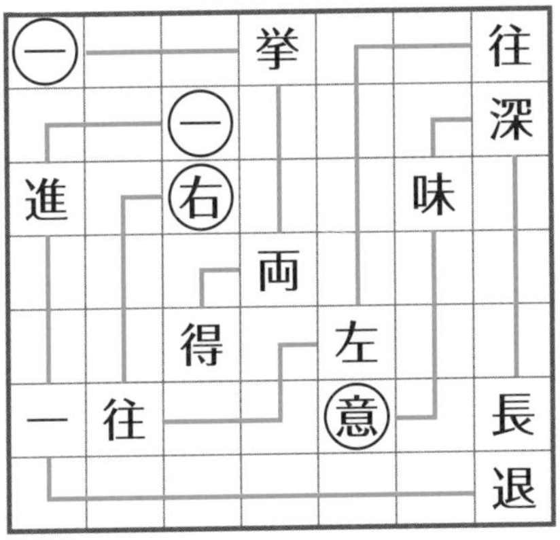

QB

㊀《いっ》挙両得《きょりょうとく》

㊀《いっ》進一退《しんいったい》

㊥《い》味深長《みしんちょう》

㊨《う》往左往《おうさおう》

36 (1) 収(穫)　(2) 吸引力　(3) 皇后　(4) 賛否　(5) 深呼吸

(6) 親善　(7) 貧困　(8) 垂線　(9) 城下町　(10) 水域

37 軽率

り	し	ゅ	う	え	き	ら
ゅ	け	か	い	ぜ	ん	く
う	あ	ん	ぴ	い	こ	じ
い	す	い	も	の	お	ょ
き	た	こ	ん	そ	う	う
こ	う	た	い	ご	う	つ

38 (1) 収益　(2) 吸(い)物

(3) 皇太后　(4) 安否

(5) 呼応　(6) 改善

(7) 困(惑)　(8) 垂(れ幕)

(9) 落城　(10) 流域

39 実験

お	や	こ	う	こ	う	き	そ	が
か	う	じ	し	せ	い	た	ん	っ
い	ち	ど	う	う	っ	く	ざ	そ
い	ゅ	け	こ	う	ふ	ん	い	う
き	う	ん	し	ゅ	う	き	ょ	う

40 QA ① 完全《かんぜん》無《む》欠《けつ》
② 危《き》機《き》一髪《いっぱつ》
③ 喜《き》怒《ど》哀楽《あいらく》
④ 九《きゅう》死《し》一生《いっしょう》
⑤ 空前《くうぜん》絶《ぜつ》後《ご》

QB 例 子どもは喜怒哀楽が激《はげ》しい。

41 QA

(小)		春			道	中
	(五)			和		
	(三)		断			
		日				
		(言)			語	
	寒		四		温	
里						霧

QB (小)《こ》春《はる》日《び》和《より》
(五)《ご》里《り》霧《む》中《ちゅう》
(言)《ごん》語《ご》道《どう》断《だん》
(三)《さん》寒《かん》四《し》温《おん》

42 (1) 海域 (2) 合奏 (3) 興奮 (4) 姿勢 (5) 存在
(6) 孝行 (7) 堂宇 (8) 帰宅 (9) 宗教 (10) 宇宙

43 許可

き	く	か	い	し	ゅ	う	え	ち
ょ	い	ふ	ん	よ	う	し	ん	ゅ
う	き	き	た	く	ち	ょ	そ	う
ぞ	き	う	そ	う	だ	い	う	こ
ん	ち	ゅ	う	が	え	り	か	う

44 (1) 区域 (2) 演奏
(3) 奮(闘) (4) 容姿
(5) 共存 (6) 忠孝
(7) 気宇 (8) 宅地
(9) 改宗 (10) 宙返

45 故郷

た	こ	せ	ん	こ	く	き
か	き	は	っ	し	ゃ	ょ
ら	み	そ	ん	け	い	し
も	つ	す	ん	ぽ	う	ゅ
の	せ	ん	ぎ	ょ	う	し
し	ゃ	く	は	ち	う	ょ
し	ゅ	う	し	ょ	く	う

46
(1) 悪意⇔善意《ぜんい》
(2) 安心⇔心配
(3) 安全⇔危険《きけん》
(4) 応答《おうとう》⇔質疑《しつぎ》
(5) 温暖《おんだん》⇔寒冷

47
(1) 案外≒意外　(2) 永遠《えいえん》≒永久《えいきゅう》　(3) 改善《かいぜん》≒改良
(4) 完全≒無欠　(5) 賛成《さんせい》≒同意

48
(1) 宝物　(2) 宣告　(3) 機密　(4) 寸法　(5) 専業
(6) 発射　(7) 主将　(8) 尊敬　(9) 就職　(10) 尺八

49 原則（減速）

げ	こ	そ	ん	ち	ょ	う
ん	く	み	つ	ど	し	し
ち	ほ	せ	す	せ	ゅ	ゅ
ゅ	う	ん	ん	ん	う	く
う	そ	で	ぜ	ね	に	し
し	く	ん	ん	ん	ん	ゃ
ゃ	し	ょ	う	ら	い	く

50
(1) 国宝　(2) 宣伝
(3) 密度　(4) 寸前
(5) 専念　(6) 注射
(7) 将来　(8) 尊重
(9) 就任　(10) 縮尺

51 保護

し	ゅ	っ	し	ょ	う	と	ど	け
て	あ	ひ	ほ	ま	き	も	の	せ
ん	ん	も	だ	ん	そ	う	ご	い
か	ま	の	よ	う	ち	ゅ	う	ざ
い	く	じ	こ	か	ん	ち	ょ	う

52 (1) 延長《えんちょう》⇔短縮《たんしゅく》　(2) 空間⇔時間　(3) 起立⇔着席
(4) 簡単《かんたん》⇔複雑《ふくざつ》　(5) 過失《かしつ》⇔故意《こい》

53 (1) 規則《きそく》≒規定　(2) 原始≒未開　(3) 経験《けいけん》≒体験
(4) 原因≒理由　(5) 欠点≒短所

54 (1) 出生届　(2) 展開　(3) 断層　(4) 自己　(5) 巻物
(6) 暗幕　(7) 干物　(8) 幼虫　(9) 官庁　(10) 正座

55 複雑

と	て	ん	き	か	ん	と	う
ど	こ	ふ	ば	く	ま	つ	よ
け	う	く	か	ん	が	い	う
さ	そ	ざ	き	ょ	う	ざ	じ
き	う	と	う	ち	ょ	う	つ

56 (1) 届(け)先　(2) 展覧会　(3) 高層　(4) (克)己心　(5) 巻頭
(6) 幕末　(7) 干害　(8) 幼児　(9) 登庁　(10) 座興

57 友情

し	ゅ	じ	ゅ	う	か	ん	け	い
え	ゆ	き	げ	ん	か	く	う	き
ん	じ	り	ょ	ち	ょ	し	ゃ	よ
き	う	つ	じ	ょ	う	は	つ	う
な	い	ぞ	う	い	し	つ	ぶ	つ
ろ	う	に	ゃ	く	な	ん	に	ょ

58 QA

スタート

道	心	配	達	人	生
路	野	害	災	火	花
地	下	毒	素	数	学
流	上	屋	書	図	問
水		質	物	意	題
面	積	雪	原	理	論

ゴール

QB 例 今年は記録的な積雪量だ。

59

(1) 半信半義《はんしんはんぎ》：義 ➡ 疑
(2) 新機一転《しんきいってん》：新 ➡ 心
(3) 一心動体《いっしんどうたい》：動 ➡ 同
(4) 意心伝心《いしんでんしん》：意 ➡ 以
(5) 絶対絶命《ぜったいぜつめい》：対 ➡ 体
(6) 口頭試文《こうとうしもん》：文 ➡ 問
(7) 不和雷同《ふわらいどう》：不 ➡ 付
(8) 前代未門《ぜんだいみもん》：門 ➡ 聞
(9) 公平無視《こうへいむし》：視 ➡ 私
(10) 無我無中《むがむちゅう》：無 ➡ 夢
(11) 生存競走《せいぞんきょうそう》：走 ➡ 争

60

(1) 延期　(2) 規律　(3) 主従　(4) 厳格　(5) 老若
(6) 著者　(7) 蒸発　(8) 内蔵　(9) 遺失物　(10) 温泉郷

61 勝利

し	え	ん	ち	ょ	う	よ
じ	ほ	じ	ょ	う	き	う
ゃ	う	ゆ	い	ご	ん	れ
っ	り	ち	ょ	め	い	い
か	つ	こ	き	ょ	う	ぞ
ん	そ	ん	げ	ん	り	う
じ	ゅ	う	じ	ゅ	ん	こ

62

(1) 群衆心理《ぐんしゅうしんり》：衆 ➡ 集
(2) 意味深重《いみしんちょう》：重 ➡ 長
(3) 異句同音《いくどうおん》：句 ➡ 口
(4) 言語同断《ごんごどうだん》：同 ➡ 道
(5) 短刀直入《たんとうちょくにゅう》：短 ➡ 単
(6) 文明開花《ぶんめいかいか》：花 ➡ 化
(7) 五里夢中《ごりむちゅう》：夢 ➡ 霧
(8) 一許両得《いっきょりょうとく》：許 ➡ 挙
(9) 誠信誠意《せいしんせいい》：信 ➡ 心
(10) 晴天白日《せいてんはくじつ》：晴 ➡ 青
(11) 二足三文《にそくさんもん》：足 ➡ 束
(12) 個別訪問《こべつほうもん》：個 ➡ 戸

63 QA

スタート

入	口	子	分	担	当
学	座	息	令		選
校	方	法	律	手	挙
長	片	顔	笑	配	達
所	紙	色	談	面	成
得	点	数	年	月	功

ゴール

QB 例 賛成の人は挙手してください。

64 QA

スタート

進	習	性	格	感	想
入	学	人	別	量	定
料	送	気	容	器	期
理	配	分	内	境	日
論		流	行	心	食
述	語	源	使	用	道

ゴール

QB 例 相手の動きは想定通りだった。

パズル道場検定

1 訓練

は	た	け	ぼ	ま	く
き	き	ん	ん	ぼ	れ
ゅ	ょ	き	じ	ろ	お
う	う	ん	ん	し	た
よ	か	い	じ	ょ	が
し	ば	か	り	ん	い

2

灯	台	下	暗	し
ぬ	か	に	く	ぎ
焼	け	石	に	水
急	が	ば	回	れ

「パズル道場検定《どうじょうけんてい》」が時間内《じかんない》でできたときは，次《じ》ページの天才脳《てんさいのう》ドリル語彙《ごい》＆表現上級《ひょうげんじょうきゅう》「認定証《にんていしょう》」を授《じゅ》与《よ》します。おめでとうございます。

☆20

認《にん》定《てい》証《しょう》

語《ご》彙《い》&表《ひょう》現《げん》　上《じょう》級《きゅう》

殿《どの》

あなたはパズル道《どう》場《じょう》検《けん》定《てい》において、語彙&表現コースの上級《じょうきゅう》に合《ごう》格《かく》しました。ここにその努《ど》力《りょく》をたたえ認定証《にんていしょう》を授《じゅ》与《よ》します。

年《ねん》　月《がつ》

脳力開発研究所《のうりょくかいはつけんきゅうじょ》

橋本龍吾